AF229136
L 44
b
1262

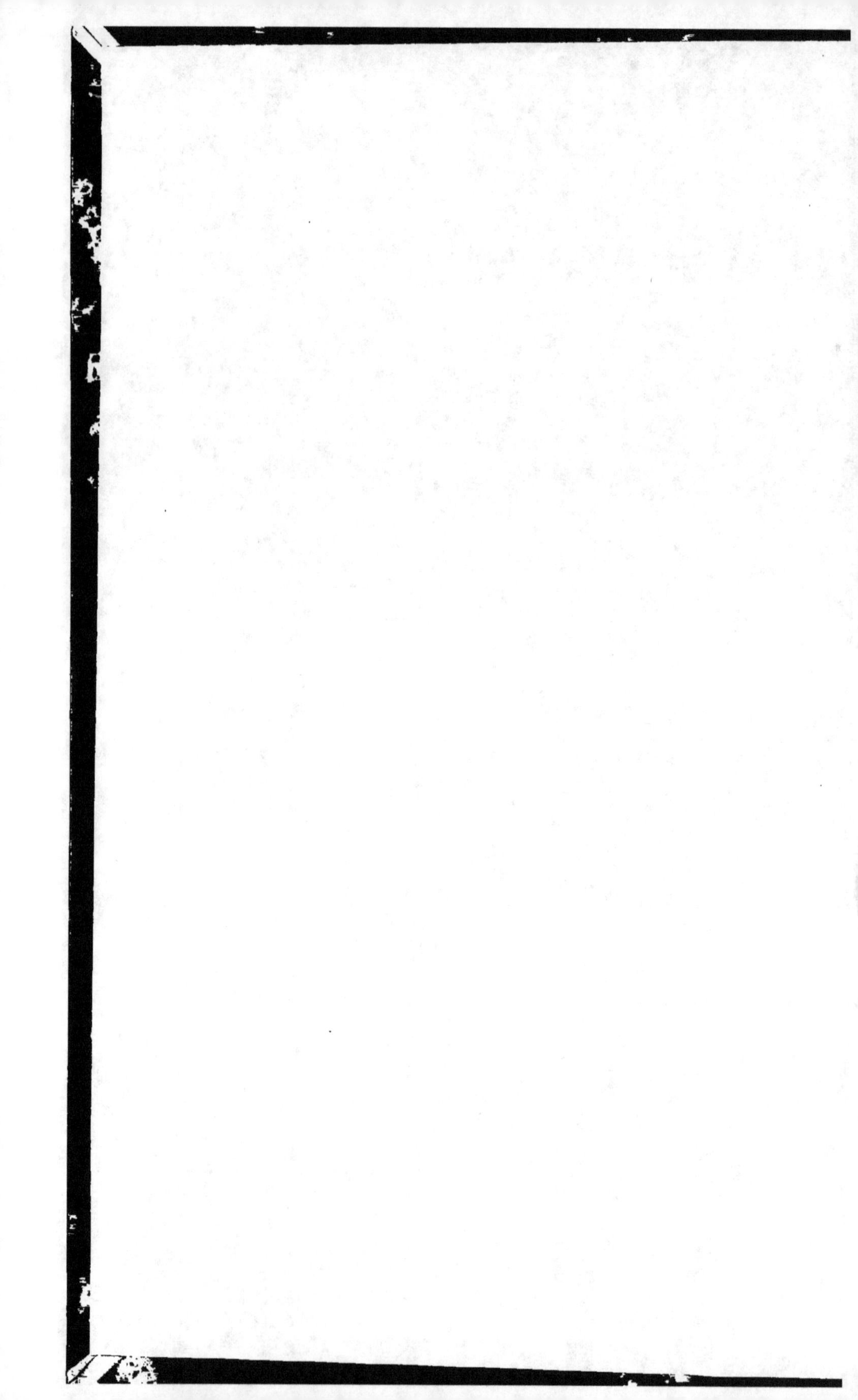

RECUEIL

DE PIÈCES PARTICULIÈRES,

QUI ONT TRAIT A LA CHUTE

DE

NAPOLÉON BUONAPARTE,

PAR LE CHEV. JACOBI,

Membre du Conseil de gouvernement de S. M. prussienne dans les provinces du Bas-Rhin, ancien Député du département de la Roër au corps législatif de France, Président du consistoire-général de la confession d'Augsbourg à Cologne et Membre de l'ordre de la légion d'honneur.

MDCCCXV.

Un prince sera la fable de toute l'Europe, et lui-seul n'en saura rien. Je ne m'en étonne pas : dire la vérité est utile à celui à qui on la dit ; mais désavantageux à ceux qui la disent, parce qu'ils se font haïr.

Pensées de P aschal, *tom. II, art 6, de la grandeur.*

AVANT-PROPOS.

Un assez grand nombre de personnes respectables de ma connaissance qui ont lu le Recueil des pièces suivantes, ayant témoigné le désir d'en avoir la copie, j'ai pris le parti de les faire imprimer; sans avoir au reste l'intention de leur donner par-là le caractère d'un article de librairie. Je fais imprimer à la suite de ces pièces une bagatelle intitulée: *le grand Mystificateur*, dont je n'ai pu obtenir l'insertion dans un journal de Paris. Si on croit pouvoir me dire que j'ai mauvaise grâce de m'égayer sur le compte des *mystifiés*, puisque mon recueil prouve que j'ai été moi-même du nombre; j'ose repliquer: que je n'ai pas été mystifié plus que bien d'autres de tout rang et de tout âge, et qui sont aussi peu nés français que moi, qui au moins était sujet français et membre du second corps de l'état.

Au surplus, peut-on me reprocher autre chose, sinon que d'avoir tenté de *guérir un incurable?* Napoléon avait la rage des conquêtes. M. le docteur Hufeland ordonne la saignée contre la rage de chien, et moi j'ai conseillé la cessation des saignées contre la rage des conquêtes! Chacun doit faire son métier dans ce monde.

Aix-la-Chapelle, en septembre 1815.

Le chev. JACOBI.

C O P I E

d'une lettre adressé à S. M. l'empereur NAPOLÉON,
le 1. juillet 1813, à Dresde, par l'intermédiaire de
M. le comte DARU, ministre secrétaire-d'état, et
sous triple enveloppe, avec les mots : *Objet
concernant la personne sacrée de S. M.*

Dieu seul est tout puissant. La vie de V. M.
est en grand danger; que Dieu la protège!

SIRE!

Les vérités déplaisantes restent ordinairement cachées aux souverains, puisque les dire, n'est pas le moyen de parvenir aux grandeurs du monde, mais bien celui d'entrer dans les prisons ou de monter à l'échaffaud. Il n'y a donc qu'un dévouement pur à la personne du prince, et la conviction de faire une bonne action, qui peuvent engager un homme à faire un pas aussi dangereux. Je sens ce dévouement et j'ai cette conviction, donc je ne consulte pas une ame vivante et fais ce que l'esprit me dicte.

Le ministre de la police-générale n'a pu ignorer, que parmi les méchancetés débitées par les parisiens l'hiver passé, il y avait celle-ci : que V. M. faisait l'inverse de l'œuvre de la Rédemption, où *un* mourut pour *tous*, tandis qu'à présent *tous* doivent mourir pour *un*. L'idée, que le bonheur de *tous* depend de la mort d'*un* seul, est celle que cette prétendue plaisanterie doit faire naître, et elle a de quoi effrayer ceux auxquels votre vie, Sire, est chère et précieuse.

Personne ne sait si V. M. rendra la paix au monde, mais je pense qu'elle le ferait, si elle connaissait entièrement la Force de la ferveur avec laquelle tous les peuples désirent de sortir de l'état actuel des choses, ainsi que cette masse effroyable de malheurs qui pèsent sur l'humanité, par suite de guerres aussi longues et terribles.

Celui qui connaît, comme moi, le génie le plus éminent que jamais la terre a vu naître, ne peut douter que ce génie n'ait conçu un vaste plan, qui a pour objet un meilleur avenir, car la devise de V. M. est : *per ardua ad astra;* et je suis sûr qu'elle n'attend que le moment qui lui paraîtra être le vrai, pour prouver à l'univers, que jamais elle n'a entendu subordonner la gloire du bon souverain à celle du grand conquérant.

Mais, Sire, c'est cette conviction même qui rend urgent de ne pas cacher à **V. M.** que *le désespoir* règne dans le cœur de vos peuples et de vos ennemis, qu'on n'entend que des gémissemens et des plaintes depuis le Tage jusqu'à la Newa, dont l'écho rétentit en Amérique, et que vos peuples souffrent plus que vos ennemis, puisqu'ils ne combattent pas depuis long-tems des agresseurs de *leurs* foyers, mais qu'on les force de dévaster les foyers d'*autrui*, sans qu'ils en sentent le besoin, ni le bonheur qui peut en résulter pour eux, *ce qui leur donne la crainte de l'arrivée de Némesis.*

Redoutez, de grâce, Sire, les suites de ce désespoir et n'écoutez pas ceux qui tenteraient de vous faire à croire qu'*il n'existe pas.* Croyez, que vos anciens et fidèles serviteurs voyent **V. M.** avec effroi en butte aux coups de la vengeance et de la trahison, et daignez réfléchir, Sire, que quand même un fer ennemi ou parricide ne vous atteindra pas; que toujours vous êtes mortel, et qu'après votre mort il ne dépendra plus de **V. M.** de prevenir des malheurs plus grands, peut-être, que ceux qu'elle fit cesser lors de la paix d'Amiens, où elle fut adorée comme l'ange tutélaire du monde. *Profitez, Sire, des momens qui sont à vous pour le redevenir une seconde fois!* Croyant à une autre vie, et doué de toutes les qualités pour y recevoir la plus belle palme, ah! Sire, ne la dédaignez pas!

J'ai dit, Sire, ce que je me suis senti forcé de dire. Je sais que ma liberté, ma vie, enfin toute mon existence mondaine est entre vos mains, et je ne prétends pas mieux aussi, sinon que vous en disposiez à votre gré, car jusqu'au dernier moment,

Je suis avec le plus profond respect,

S I R E,

De Votre Majesté Impériale et Royale,

Le plus humble et le plus soumis sujet,

LE CHEV. JACOBI,

Membre du corps législatif et président du consistoire-général de la confession d'Augsbourg, à Cologne.

Aix-la-Chapelle, le 1. juillet 1813.

N O T E

à la précédente lettre, écrite à Paris, en février 1814.

L'auteur, après avoir écrit cette lettre, ne revit l'empereur qu'à Paris, à l'audience ordinaire, aux Tuileries, le 5 décembre suivant. S. M. l'aborda et lui parla, (cependant d'un ton très-affable), de l'esprit peu militaire que montraient les nouveaux départemens du Rhin et ceux de la Belgique, dans la crise actuelle ; et lorsque le soussigné plaida leur cause, en détaillant brièvement la triste position où ils se trouvaient par les charges extraordinaires ; la paralysation du commerce et les maladies contagieuses, l'empereur lui fit sentir qu'il avait le contenu de sa lettre présent à la mémoire, en disant, d'une mine caustique, en le fixant : « En tems de guerre cela ne « se peut pas autrement, et *les plaintes* et *jé-* « *rémiades* ne servent à rien ; il faut se *dé-* « *fendre* et se *battre*, VOILA CE QU'IL FAUT ! « Voyez mes Alsaciens ; ce sont d'autres gens ! « voilà 30 mille hommes qui se sont armés et « qui descendent et remontent le Rhin sans « cesse ; en est-il de même chez vous, he ? »

Dans le fameux discours improvisé que prononça l'empereur le jour du nouvel an, (dont l'aperçu se trouve ci-après), où il reçut le corps législatif, après avoir prorogé sa session la veille; S. M. à dit: « On peut tout me « dire et m'écrire, à moi seul, ce que l'on « veut, il n'en arrivera jamais rien à personne, « et j'en fais mon profit. » Toutes les personnes qui connaissent l'empereur depuis longtems savent, que lorsqu'il est calme, non-seulement on *ose* combattre les opinions que S. M. met en avant, mais que même elle *aime* une discussion animée et franche. Le soussigné en a fait l'expérience dans différentes occasions, et notamment le 5 novembre 1811 à Cologne, où, en présence du clergé catholique, il discuta à fond la question intéressante, sur la religion dans laquelle doivent être élevés les enfans issus de conjoints qui professent deux cultes différens. S. M. se prononça décidément pour l'égalité des droits dans les cas dont il s'agissait, et s'engagea dans une lutte avec le curé du dôme de Cologne, lequel finit par déclarer formellement: qu'en matière de religion, lui ne reconnaissait que l'autorité et les mandemens de l'église. Ceci déplût beaucoup à l'empereur, qui termina l'audience an déclarant: qu'il voulait que cette affaire fût réglée de la même manière qu'elle était réglée dans l'empire germanique. En rentrant dans son cabinet avec MM. les comtes Daru et Rœderer, il se promena à grands pas et rompit enfin le silence en disant: « Vous croyez que « je suis le maître en France? vous voyez que « cela n'est pas, et que je dois me faire dire « par un curé, que le cardinal Caprara a plus « d'autorité que moi. » Je tiens ce fait de la bouche même de M. le comte Rœderer.

Malgré tout ce qui vient d'être dit, il n'en est pas moins vrai, qu'en écrivant sa lettre du 1. juillet dernier, l'auteur ne se cachait nullement le danger qu'il courait de toute manière, et sur-tout dans le cas où l'empereur revenait vainqueur de l'Allemagne. Mais il n'a pu résister à l'impulsion de son ame: de fournir par lui-même la preuve, que dans cette époque terrible de l'histoire il a existé *un* homme au moins qui ne manquait pas de courage, de s'exposer de sangfroid à devenir martyr de la vérité en tems utile; et c'est cette même impulsion qui le porta à écrire plus tard, dans le même sens aux deux principaux personnages du gouvernement français, après le monarque.

C O P I E

d'une lettre adressée à S. A. S. le prince Cambacérès.
duc de Parme, archichancelier de l'empire, le 3o
octobre 1813, jour de la publication de l'issue
de la bataille de Leipzig.

Monseigneur,

Il existe des momens où le bon citoyen,
le fidèle sujet et sur-tout l'homme qui fait
partie des premiers corps de l'état, doit *prouver* qu'il est au-dessus de toute crainte humaine, et ces momens sont ceux où il s'agit
du salut du souverain et de ses peuples.

J'ose dire, mon prince, avoir fait *mes*
preuves; car en 1802, j'ai procuré à notre
auguste souverain 176 mille voix pour le
consulat à vie, et au 1. juillet 1813...., *je
lui ai adressé la lettre dont la copie suit.*

Le dévouement de celui qui a le courage
de faire ce dernier pas, ne saurait paraître
suspect, et si j'en dépose le monument (qui
doit rester un grand secret), entre les mains
du prince si justement révéré, qui représente

le souverain pendant son absence; c'est pour pouvoir me dire que je n'ai rien négligé de ce qui dépend d'un seul individu et d'un sujet bien intentionné de faire, en soumettant à la sagesse de V. A. S. de réfléchir: si ce ne serait pas le moment où tous les soutiens de l'état, aimant la patrie et leur empereur, devraient réunir leurs prières pour obtenir qu'il plaise à S. M. d'électriser la France par la déclaration faite à ses peuples: *qu'elle ne rejettera pas l'olivier de la paix, s'il lui est offert au prix de conquêtes, que S. M. même a déclaré dans le tems *), inutiles au bonheur de la France.*

En suppliant V. A. de ne considérer dans ma démarche secrète (qu'elle trouvera peut-être hardie, mais non déplacée dans un ancien fonctionnaire qui n'a jamais dévié), que *la pureté du motif;* j'ose me recommander à la continuation de sa haute protection et bienveillance.

Je suis avec le plus grand respect, etc.

---

*) En 1809, l'empereur déclara, du haut de son trône, dans le discours de l'ouverture des séances du corps législatif: que tout ce que la France possédcrait au delà de ses limites naturelles, qui étaient les Pyrénnées, les Alpes, le Rhin et la mer, serait contraire à son vrai intérêt.

NOTE

à la précédente lettre.

Le prince archichancelier ne fit aucune réponse à cette lettre et se borna à témoigner au cercle et aux repas, chez lui, une bienveillance rehaussée à l'écrivain.

Le prince Lebrun, duc de Plaisance, architrésorier de l'empire, de retour à Paris, après que sa mission en Hollande, dont il était gouverneur-général, fut finie par force majeure, je lui communiquai également ma lettre à l'empereur, ainsi que celle au prince archichancelier, dans l'espoir de déterminer ce grand-dignitaire à une démarche salutaire au bien général. Son Altesse me répondit, en date du 9 décembre 1813,

« Je vous remercie, Monsieur, de la
« preuve de confiance que vous me donnez.
« La sagesse et le génie de Sa Majesté
« vous garantiront des suites du décourage-
« ment dont vous me paraissez atteint. »

Recevez, etc.

Signé: Le duc DE PLAISANCE.

Paris, ce 9 décembre 1813.

Après la mémorable prorogation du corps législatif, et voyant l'approche des armées des puissances alliées, j'écrivis, le 17 janvier dernier, encore une fois à ce vénérable vieillard. Cette lettre qui, comme l'auteur le prévoiait, resta sans réponse, finissait par les phrases suivantes:

« Il ne me reste à présent qu'à gémir de
« ce que je n'ai été qu'une voix dans le dé-
« sert, et que je n'ai pu devenir un humble
« instrument dans les mains de la Providence,
« pour prévenir les malheurs que j'ai prévu
« et prédit, et sous lesquels nous sommes en
« danger de succomber. *Tout*, cependant,
« n'est pas perdu encore, mais il faut du cou-
« rage, et le genre de courage qui ordnaire-
« ment est étranger aux conquérans, savoir
« celui *de renoncer à la confiance dans la*
« *force des* ARMES *et de récourir à celle de*
« *la* VÉRITÉ. Celui qui est vrai envers lui-
« même, le sera envers chacun; car *vrai* et
« *juste* sont synonimes. Que l'empereur exa-
« mine le fond de son cœur; qu'il récapitule
« la série de ses actions, et qu'*alors* il réflé-
« chisse aux conditions auxquelles il peut faire
« cesser les malheurs du monde, et DIEU
« LUI ACCORDERA LE COURAGE de signer l'acte
« de la Paix, *et en méme tems celui de la tran-*

« *quilité de son ame, et du retour de sa féli-*
« *cité intérieure ,* et il pourra encore se faire
« bénir par ses contemporains et trouver
« grâce devant le trône de L'ETERNEL!

« Ayant la conviction d'être *vrai* et de ne
« vouloir que le *bien,* la vie n'ayant d'ail-
« leurs pas de prix pour moi, je ne craindrai
« jamais de voir cette lettre mise sous les
« yeux de celui que je désirerais pouvoir
« fléchir. »

Plusieurs semaines s'écoulèrent dans des
inquiétudes cruelles; les négociations de Châ-
tillon étaient rompues, on s'occupait des
moyens pour mettre Paris en état de défense,
la vieille garde devait venir y remplacer la
garde nationale; tous les cœurs étaient rem-
plis de désespoir et de rage contre le *tyran,*
mais personne n'avait le courage de s'opposer
à la *tyrannie.* Envain j'avais tenté, depuis
quatre mois, de porter les sénateurs, avec lesquels j'étais lié, à se montrer dignes de leurs
augustes fonctions. Chacun d'eux me protesta
de la pureté de ses intentions, (et je ne
doute pas de celles du plus grand nombre;)
mais à quoi bon, disaient-ils, voulez-vous que
nous heurtions avec le pot de terre contre le
pot de fer? Je me le tins pour dit et résolus
de faire encore une démarche secrète, à mes

propres risques et périls, qui a bien réussi, et de laquelle je vais rendre compte dans la pièce suivante:

P R É C I S

de ce qui s'est passé à l'audience que m'accorda le roi Joseph Napoléon, le 19 mars 1814, à Paris.

Le 15 mars, j'avais écrit au roi Joseph: « Si V. M. se souvient de son court séjour à Aix-la-Chapelle en 1805, et de la personne qui eût l'honneur de l'accompagner dans sa visite des manufactures et des promenades, elle me pardonnera peut-être la hardiesse d'oser solliciter de sa gracieuse bienveillance une audience privée très-courte, dont l'objet, à ce que j'ai lieu de croire, est assez intéressant pour ne pas laisser à V. M. des regrets de l'avoir accordée. » Je suis, etc.

Le 18 mars, je reçus une lettre du cabinet du roi, de Mr. Presle, dans laquelle il dit être chargé de me prévenir que le roi me recevrait volontiers le 19, à 10 heures du matin, au Luxembourg.

Je me rendis en conséquence à l'heure indiquée au petit palais du Luxembourg. C'était le jour de St.-Joseph, fête du roi, et le suisse avait ordre de dire que le roi ne recevrait pas; mais étant porteur d'une lettre qui contenait un rendez-vous, on me fit entrer, et le chambellan de service, Mr. le comte Miot, me dit d'attendre jusqu'à ce que S. M. serait sortie de son appartement et entrée dans son cabinet. Il y avait plusieurs officiers-généraux et autres dans le sallon, qui paraissaient être de service, et il se présenta successivement différentes personnes qui avaient leurs entrées chez le roi, pour le féliciter à l'occasion de sa fête; mais on les prévint que le roi ne sortirait pas de son cabinet ce jour-là, sur quoi elles se retirèrent. Après le déjeûner du roi, vers midi, le chambellan m'informa que S. M. me recevrait et me fit entrer dans une pièce où se trouvaient deux personnes occupées à écrire ou à lire, et le roi, qui me salua; je lui dis: que depuis long-tems j'avais aspiré au bonheur de revoir Sa Majesté, mais que par timidité et discrétion, je n'avais pas demandé une audience, et que le dévouement seul avait pu m'y engager. A ces mots je me retournais pour regarder les personnes présentes. Le roi me comprit et me dit: Je crois que vous avez quelque chose à me dire en particulier; entrons dans ce cabinet. Il entra, je le suivis et fermai la porte. Une jeune personne, apparemment la fille du roi, était devant la cheminée; le roi lui fit signe de sortir; ce qu'elle fit par une porte latérale. Sire, dis-je au roi, ce n'est pas une affaire personnelle qui m'amène auprès de V. M., *mais la grande affaire générale.* — Le roi s'approcha de la fenêtre et me dit, d'un ton soucieux et confiant: Eh bien! qu'est-ce que c'est ce que vous avez à me dire? — C'est, répondis-je, que je crois que l'*empereur est perdu.* Ce mot fit une forte impression sur le roi, qui me répliqua d'un ton altéré: — *Vous donc aussi le croyez vraiment perdu?* — Oui, Sire, je le crois, à moins qu'il ne réussisse à V. M. de le sauver. Je ne pense plus que la force des armes le sauvera, s'il ne fait pas, ce qui a toujours si complettement réussi à V. M., *réconquérir l'amour de ses sujets.* Tout le monde est extrêmement malheureux, et on ne rend pas les hommes heureux par des *mots,* il faut des *faits:* le règne des *mots* n'a causé que trop de *maux,* il est fini! Il faut que l'empereur, s'il ne veut pas se perdre, déclare: qu'il ne fera plus de guerre d'agression; qu'il publie les conditions de Francfort et engage son peuple à l'aider à les conquérir; enfin, qu'il promette de vouloir, à l'avenir, faire oublier par son règne celui de Henri IV. même. Engagez-le, Sire, de *promettre,* quand même vous douteriez qu'il pourrait réaliser une telle promesse. Dieu pourvoira *à l'ave-nir*, portez seulement, pour *le moment* l'empereur à donner un *commencement* de preuves de sentimens liebéraux; ce sera gagner beaucoup.

Le roi m'écouta avec la plus grande attention et me dit: c'est bien dans ce sens que je lui ai écrit aussi. — Je poursuivis: V. M. a peut-être su que dans le tems on a dit à Paris, que l'empereur faisait l'inverse de l'œuvre de la Rédemption, où *un* mourut pour *tous*, tandis qu'uà présent *tous* doivent mourir pour *un*. J'ai informé l'empereur de ce mot; j'ai prévu depuis long-tems ce qui est arrivé. — On a bien pu le prévoir, me dit le roi. — Oui, Sire, mais c'est que je l'ai *écrit* à l'empereur au 1er juillet, pendant l'armistice, et j'ai conjuré de faire la paix. — C'était bien courageux de votre part, dit le roi. — J'ai fait plus, Sire, après la bataille de Leipzig j'ai écrit à l'archichancelier pour lui faire sentir l'urgence de prier, conjointement avec le sénat, l'empereur d'électriser la France par la déclaration faite à ses peuples, qu'il accepterait la paix aux conditions de restreindre les limites de l'empire à celles dites naturelles, des Alpes, des Pyrénées et du Rhin; et, si V. M. le désire, je lui confierai la copie de ces pièces. — Sans doute, dit le roi, cela me sera très-agréable. — Je remis ces copies au roi, avec une lettre adressée à lui-même. Il regarda tout très-attentivement, lut les têtes des deux lettres à l'empereur et à l'archichancelier, roula le cahier et le tint ainsi dans ses mains, et se promena avec moi dans le cabinet. Je le suppliais de bien prendre garde à ce que ces papiers ne tombassent entre les mains de personnes qui pourraient me faire répentir de mes démarches. — Le roi me rassura à ce sujet et dit: quil était bien aise de savoir que d'autres avaient les mêmes opinions que lui sur le point agité; qu'il avait déjà écrit dans le même sens, mais qu'il écrirait de nouveau, et qu'il me remerciait des preuves de mon dévouement. — Je le conjurais de ne pas tarder à aider l'empereur de ses conseils, puisque toutes les mesures agravaient la misère publique, devenaient plus périlleuses de jour en jour, si on ne faisait pas renaître la confiance et l'espérance, et que S. M. pouvait être persuadée, que toutes les personnes bien intentionnées pensaient de même, et manquaient seulement de courage de manifester leur opinion. Je m'étendis sur ce point et j'ajoutais: Le peuple français est si bon, si aisé à enthousiasmer et si facile à mener, lorsqu'on sait lui inspirer de l'intérêt. Cette ville même de Paris, qui encore est tranquille et ne le resterait pas, si on tenterait de faire sortir la garde nationale et d'y organiser la levée en masse, donnerait des preuves d'un grand élan patriotique, dès qu'elle verrait des motifs de sécurité qui l'engageraient à prendre cet élan. A présent elle veut conserver ses forces, de crainte que l'empereur, après un échec, pourrait vouloir revenir sur Paris pour en fair *une autre Saragosse,* ce qui indubitablement deviendrait le signal de la révolte et de la rebellion. — Le roi soupira et parut embarrassé que répondre, aussi ne dit-il rien, et continua de se promener avec moi. Je dis alors, que je ne me consolais pas de ce que l'archichancelier n'avait-pas provoqué une démarche du sénat propre à fournir l'occasion a l'empereur de reconquerir l'affection de la nation. — Il a craint de se compromettre, me dit le roi. — Oui, dis-je, sans doute, mais en craignant de se compromettre, on compromet le salut de l'état! Je ne sais que trop bien, par ma propre expérience, que d'être vrai, n'est pas le moyen de parvenir; mais après tout, le danger que courait le sénat, était-t-il plus grand que celui qu'à couru le corps législatif, lorsque

celui-ci fit des représentations, malheureusement trop tardives, a l'empereur? Voulait-on
autre chose que son bien? et son bien, doit-il
être séparé du bonheur de son peuple? —
La chaleur, qui m'animait en parlant de la
sorte, fit beaucoup d'éffet sur le roi, qui me
réitera son intention d'écrire de nouveau à
l'empereur, et qu'il me savait bien bon gré
de ma démarche. — Je dis alors au roi que je
n'abuserais pas plus long-tems de sa bonté,
le remerciais de m'avoir écouté avec tant d'in-
dulgence et me recommandais à sa haute bienveillance. — Je vous remercie beaucoup, et
je serai bien aise, me dit-il, en me recon-
duisant dans l'autre pièce, lorsque je pourrai
faire quelque chose qui vous soit agréable.

Ainsi se termina cette audience mémorable.

Paris, ce 20 mars 1814.

C O P I E

de la lettre ci-dessus mentionnée, remise en mains propres et laissée pour mémoire au roi JOSEPH NAPOLÉON, après l'audience dont le précis vient d'être donné.

J'ai osé solliciter une audience privée de **V. M.**, puisque dans l'amertume qu'éprouve mon ame sur les maux qui affligent le genre humain, j'ai pensé quil est peut-être réservé à V. M. d'y mettre un terme. Ainsi, sans peur de me voir devenir victime d'un dévouement pur, dans des tems où il faut savoir préférer LA VÉRITÉ à la vie et à tout autre bien; je confie à **V. M.**, avec cet abandon que ses vertus *) m'inspirent, la copie d'une lettre que j'ai adressée à S. M. l'empereur, son auguste

---

*) Joseph Napoléon a toujours passé pour un homme de bien, mais il manquait du noble courage d'imiter son frère Louis, qui descendit volontairement d'un trône, pour cesser d'être l'instrument servile d'un tyran.

frère, durant l'armistice à Dresde, ainsi que le copie d'une autre lettre, adressée à S. A. le prince archichancelier, au moment où la perte de la bataille de Leipzig fut connue ici. Daignez lire ces pièces, Sire, et pèser le mérite des avis que j'ai hazardé, sans fruit, en deux époques critiques. N'écoutant que l'esprit qui guide mes actions, je reviens à la charge au moment où les armées ennemies inondent le sol français, et où la politique (qui n'a de loi que l'utilité égoiste), n'écoute que ses passions.

Sire, personne ne veut être trompé, et pourtant tant de monde craint de dire la vérité, même là, où tout dépend de la faire connaître. C'est, qu'*il est bien plus profitable de flatter que de dire vrai;* mais malgré que j'en ai fait l'expérience, cela ne m'empêchera pas de dire: que *c'est le défaut d'esprit public et d'élan patriotique* qui rend si difficile de faire sortir victorieuse la France de la lutte dans laquelle elle se trouve engagée, et qu'il ne paraît exister qu'un seul moyen pour faire changer ce funeste état des choses.

Le génie prodigieux de S. M. l'empereur est connu, il ne s'agit que de la porter à le faire briller dans un nouveau lustre. Que l'empereur proclame: qu'il renonce solennellement,

pour l'avenir, à toute guerre d'agression, qu'il
ne prétend pas conserver à la France une pré-
ponderance qui compromet sa propre tranquillité; qu'il fasse connaître ces conditions de
paix de Francfort, acceptées par lui et réitérées
depuis par les puissances coalisées; qu'il ma-
nifeste enfin à ses sujets son intention de vouloir
régner sur eux de manière à leur faire oublier
les regrets du règne de Henri IV.; et V. M.
verra l'effet étonnant d'une telle proclamation.
Provoquée par vous, Sire, en qui notre souverain respecte un frère chéri, la demande d'une
semblable déclaration ne l'offusquera pas,
comme cela fut le cas, lorsque le corps législatif le tenta, qui a pu manquer *dans la forme,*
mais aux intentions duquel *quand on fond,*
l'empereur même a rendu justice.

La conquête des coeurs de ses sujets, est
la plus digne d'une grande et belle ame d'un
souverain: aidez, Sire, au nôtre, à la faire,
et l'*amour* fera renaître *la confiance* qui rame-
nera l'*espérance,* fille du *courage,* auquel
aucun sacrifice ne coûte, que la conscience
ne reprouve pas.

Pardonnez, de grâce, Sire, la hardiesse
de vous écrire cette lettre secrète (de l'existence
de laquelle personne n'a connaissance), à un
ancien et fidèle fonctionnaire, qui se trouve ici,

séparé de sa famille, de ses foyers et de ses ressources, pour attendre le dénouement des grands intérêts qui sont agités, et qui n'est pas habitué de se borner à des voeux stériles pour le bonheur de son prochain : Dieu jugera ses intentions, et il prie Votre Majesté de ne pas lui retirer sa haute bienveillance, pour avoir osé parler avec la franchise que les circonstances paraissent exiger impérieusement.

Je suis avec le plus profond respect, etc.

N O T E.

Mon but, en sollicitant une audience du roi Joseph, était, comme il a été dit déjà précédemment, de prévenir les malheurs qui menaçaient Paris, si l'astuce parvenait à faire sortir la garde nationale et à la faire servir à autre chose qu'à sauver la capitale du pillage et à y maintenir le bon ordre. Mon but fut rempli. Une lettre du roi Joseph à l'empereur Napoléon, du 28 mars, qui fut interceptée par une patrouille prussienne et que Mr. le général comte de Truchses m'a dit avoir lue, contenait : que le roi savait de bonne part, que l'esprit des parisiens était trop mauvais pour qu'il osât espérer de pouvoir porter la garde nationale à venir joindre l'armée.

Le 23 mars, il y eût une grande revue dans la cour du palais des Tuileries. Je me trouvais présent à cette revue dans les appartemens du roi de Rome, au rez-de-chaussée, où j'étais en évidence.

La roi Joseph, en passant à cheval sous les croisées, me fixa à plusieurs reprises, et au milieu de la revue, il tint un conseil dans le vestibule du palais avec les officiers-généraux, et j'ai su, que la question y fut agitée : s'il convenait de provoquer la sortie de Paris de la moitié de la garde nationale ? et qu'il fut décidé que l'affaire était trop délicate et l'issue trop incertaine pour la tenter.

Trois jours plus tard, les armées des puissances alliées étaient devant Paris; elles y firent leur entrée triomphale le 31 mars, et les membres du corps législatif présens à Paris, furent convoqués le 2 avril au soir, pour le lendemain à 9 heures du matin, afin de délibérer, s'il y avait lieu à adhérer à l'opération du sénat, qui venait de prononcer la déchéance de Napoléon.

En recevant cette lettre de convocation, en rentrant chez moi vers minuit, je me figurais tout de suite la position singulière dans laquelle se trouverait une assemblée dont la grandissime majorité *tremblait* au moins devant l'empereur, quand même *l'amour* n'accompagnait pas toujours la crainte. Cet homme terrible était encore debout, et il a été prouvé depuis, qu'il n'y a que les morts qui ne reviennent pas.

Quant à moi, j'étais résolu de ne plus rester Français, quand même la rive gauche du Rhin continuerait à faire partie de la France, et en conséquence je me déterminais à rompre la glace si je ne serais pas prévenu par l'un ou l'autre de mes collègues, plus habitué de parler à la tribune que moi, qui n'y avais jamais paru. En me levant, je préparais à la hâte un petit discours et me rendis au palais du corps législatif.

Je ne m'étais pas trompé. Les esprits de mes collègues étaient tourmentés par des passions de différentes espèces, parmi lesquelles la crainte et la défiance dominaient. Un bourdonnement sourd remplissait la salle, après la lecture du message du sénat; personne ne se souciait de prendre l'initiative, on s'agitait sur les places, tout le monde parlait sans faire une motion; et dans ce moment je pris le courage de demander la parole, et montais à la tribune où je débitais le discours qu'on va lire.

DISCOURS

prononcé le 3 avril 1814, en séance du corps législatif, par le chevalier J a c o b i, député du département de la Roër.

M e s s i e u r s,

Je ne puis me résoudre de briser de ma
main le lien qui m'attacha, pendant treize ans,
à Napoléon Buonaparte, sans motiver devant
vous, mes collègues, cette résolution que j'ai
prise librement et que je n'exécute ni par
haine, ni par crainte, mais après avoir con-
sulté ma conscience.

Ce n'est pas une chose de peu de conséquence, Messieurs, pour laquelle nous sommes
appellés ici. — Un gouvernement provisoire
nommé par le sénat, invite les membres du
corps législatif, présens dans la capitale, à se
réunir; puisque ce gouvernement est convaincu
que le corps législatif voudra participer à l'o-
pération importante, consommée par le sénat,
qui est celle d'avoir prononcé la déchéance de
Napoléon Buonaparte, et déclaré que les fran-

çais sont dégagés envers lui de tout lien civil et militaire et de toute obéissance.

Le serment, Messieurs, est la plus sainte, la plus auguste et la plus importante des institutions humaines. On peut dire du serment, qu'il est le *cachet* de la vérité, le *sceau* qui donne l'authenticité aux actes de la conscience. — Le caractère du serment n'a été malheureusement que trop méconnu pendant nos jours, on a abusé des sermens de la manière la plus révoltante, et le genre le plus funeste des démoralisations en a été la suite, qui est celui d'éteindre, dans les ames, le flambeau de la vérité.

Ce n'est que pour n'avoir cessé de dire, et de séduire les autres à dire : *la chose qui n'est pas*, que Napoléon s'est perdu et a entraîné le monde policé dans des malheurs que nombre d'années ne pourront cicatriser. Doué de toutes les qualités pour devenir le plus grand des mortels, le défaut de croyance *en la force de la vérité*, a fini par le rendre tyran exécrable et le fléau du genre humain. Et qu'est-ce qui a pu lui procurer les moyens pour ravager l'Europe, si ce n'est cette astuce par laquelle il a su se rendre maître de tous les bras et de la fortune de ses sujets ? *Honnesty is best policy* (l'honnêteté est la meilleure politique), dit un auteur anglais, et jamais on ne s'écarte impunément de ce principe.

L'énergie avec laquelle je m'exprime dans cette grave circonstance, vous surprendra peut-être, mes collègues, dans un homme que vous êtes habitué à voir calme et que vous avez eu lieu de croire attaché à Napoléon; et beaucoup parmi vous penseront probablement, que je me serais bien gardé de faire éclater les sentimens et les princincipes que je professe du haut de cette tribune que j'occupe pour la première fois et à laquelle donc je n'ai pas paru, lorsqu'en décembre dernier, beaucoup d'entre vous, Messieurs, firent preuve d'un courage patriotique; si je ne pensais pas qu'il fut impossible que jamais l'homme extraordinaire que je viens de qualifier du titre odieux, et dans d'autres tems *) si cruellement abusé de *tyran*, pût étendre sa main contre moi. Mais vous vous trompez, Messieurs, car ce n'est que parceque moi aussi j'ai eu le courage d'être *vrai* envers le souverain auquel j'ai prêté le serment de fidélité, que j'ai celui de parler de la sorte. Oui, Messieurs, j'ai été

---

*) Les français assassinèrent, comme tyran, le vertueux Louis XVI., qui était le plus humain des rois.

attaché à Napoléon, puisque j'ai reconnu en lui des qualités extraordinaires, et je n'ai abandonné son parti qu'après m'être assuré, de la bouches de ses propres frères, dans la dernière quinzaine encore, qu'il est incorrigible, et qu'il ne connaissait ni frein ni lien. Veuillez écouter la lecture de la lettre, que, dans ma qualité d'un des représentans de la nation, j'ai osé adresser à l'empereur à Dresde, au premier juillet, peu après la conclusion de l'armistice :

(Suivait la lecture de ma lettre à l'empereur, du 1er. juillet 1813.

Je pouvais m'attendre à être arrêté, par suite de la démarche que je venais de faire, mais rien ne m'arriva; je ne reçus aucune reponse, et ce ne fut qu'en décembre, à l'audience aux Tuileries, que l'empereur me fit sentir, sans aigreur, qu'il avait lu ma lettre, et il me chercha des yeux au jour du nouvel an, lorsqu'il disait : « On peut me dire et « m'écrire, à moi seul, tout ce que l'on veut, « il n'en arrivera jamais de mal à personne, « et j'en fais mon profit. »

Après l'arrivée de la nouvelle de la bataille de Leipzig, je resolus de faire une seconde tentative pour le salut de l'empire et de l'Europe ; non par une folle présomption, mais dans la conviction, que ni la crainte, ni une fausse modestie doivent retenir l'homme de faire ce à quoi l'esprit le porte, avec l'assentiment de la conscience ; j'envoyais à l'archichancelier la copie de ma lettre à l'empereur en lui écrivant :

(Suivait la lecture de ma lettre à l'archichancelier, du 3o octobre.)

Mais cette démarche n'eût pas de suite non plus, et vous savez, mes collègues, ce qui s'est passé depuis, et de quelle manière nous sommes arrivés à notre réunion de ce jour éternellement mémorable, où, avec un sentiment profond et douloureux, je termine ce discours par la conclusion : que, *puisque Napoléon Buonaparte a déchiré le pacte constitutionnel par d'innombrables infractions, je me considère, de mon côté, relevé de fait de l'obligation de mes sermens de fidélité, et que je ne balance pas de répondre à l'invitation du gouvernement provisoire ; que je déclare Napoléon Buonaparte déchu de sa dignité d'empereur des Français, en autant que je puis être compétent pour faire cette déclaration dans ma qualité de député au corps législatif.*

N O T E.

Ce discours fit beaucoup d'impression sur un assez grand nombre de mes Collègues, et l'adhésion à la déclaration de déchéance, faite par le Sénat, fut adoptée sans scrutin, au moyen de la signature individuelle du procès-verbal. — La séance, au reste, ne fut pas rendue publique.

Ma détermination, de ne plus rester Français étant prise, je ne tardais pas à donner ma démission dans ma qualité de membre du corps législatif, et fis circuler parmi ceux de mes Collègues, avec lesquels j'étais lié plus particulièrement qu'avec les autres, l'*Adieu* suivant :

ADIEU A MES COLLÈGUES.

Par le chevalier JACOBI, député du département de la Roër au corps législatif. Paris, en mai 1814.

––––––

MESSIEURS ET CHERS COLLÈGUES,

Le destin qui d'une main invisible trace d'avance les pages de l'histoire, et fait servir les actions individuelles à l'exécution des décrets de la Providence, nous a fait coopérer à de grands évènemens: un règne épouvantable a cessé, un nouvel ordre de choses ramène la paix et l'espoir du bonheur. La plupart de vous, mes collègues, sont appelés à poser les bases du bien-être de la France, dans la session du corps législatif qui va s'ouvrir; tandis que moi, et ceux de mes confrères qui suivront le sort de leurs départemens, ne pourront plus que vous accompagner de nos vœux, et voir de loin les succès de vos efforts.

Si, au moment où je cesse d'avoir l'honneur d'appartenir au second corps constitutionnel d'une grande nation , douée de qualités propres à se faire estimer et chérir de toutes les autres, je prends la plume pour communiquer à mes anciens collègues mes espérances et mes désirs, je vous prie de croire au moins que je n'ai pas la présomption de penser que je puisse vous dire des choses qui ne seraient pas déjà dans votre coeur et dans votre esprit, et que si néanmoins j'élève ma faible voix, ce sont des intentions pures qui m'engagent à parler, au risque même de les voir mal interprétées.

L'histoire présente peu d'époques aussi mémorables que celles où les représentans de la nation française vont être rassemblés. Après vingt-cinq années d'une guerre qui a causé des maux sans nombre à une grande partie du genre humain, il s'agit de faire tout rentrer dans son assiette à la suite d'une paix-générale. Cette tâche est déjà fort difficile quand chacun s'y prête de bonne volonté, elle ne saurait être remplie lorsque les passions s'en mêlent.

Si les *exemples d'autrui* ne sont ordinairement qu'un tableau qui ne laisse qu'un souvenir passager, *les expériences individuelles* ont été assez nombreuses et assez douloureuses, pour produire *en masse* le sentiment qu'il n'y a de salut à espérer qu'en déployant un *grand patrio-*

tisme, qui exclut également l'esprit de parti et l'égoisme, qui sont les deux écueils rédoutables qu'il importe d'éviter.

Comment en effet serait-il possible de travailler avec fruit au bonheur de la France, qui et si étroitement lié à celui des autres nations, si l'on ne part pas du principe: qu'il ne faut revenir sur le passé, *que pour en faire son profit pour l'avenir?* dans tous les partis, les hommes faibles et insoucians forment le grand nomdre, et doivent étre considérés comme les *zéros* auxquels le gens de bien d'un côté, et les méchans, les intrigans, les ambitieux de l'autre, servent de *chiffres* pour produire *des valeurs.* Les plus grandes valeurs n'ont jamais été produites par les gens de bien, cela tient à l'imperfection de l'espèce humaine et n'a rien qui doive surprendre. Beaucoup d'erreurs, beaucoup de fautes et de crimes ont été commis sans doute, mais quel bien fera-t-on en y revenant sans cesse et en perpétuant ainsi l'esprit de haine et de vengeance? Certainement il faut être sur ses gardes pour ne pas laisser reprendre une influence à des hommes qui n'en ont profité que pour faire le mal; mais on n'a besoin pour cela que d'avoir les yeux ouverts et le sentiment de sa propre dignité. Nous avons vu par l'exemple de Napoléon ce que peut la force de la volonté d'un seul homme, qui fit *souffrir* et *faire* à des millions de ses semblables, *tout le contraire* de ce que chacun *voulait* et *devait* souffrir et faire : et cependant Napoléon aurait-il pu devenir despote, si de bonne heure, un très-petit nombre de personnes eut opposé à cette force d'une volonté *immorale*, une force de volonté *morale? Principiis obsta*, et que le respect humain ne soit jamais plus grand que la crainte de Dieu, voilà les grands points. *Isolez l'individu qui vous paraît dangereux, et il ne sera plus redoutable.* La conscience distingue assez promptement la *vérité* du *mensonge* et la *candeur* de *l'astuce;* mais il ne suffit pas de *sentir* le mal, il faut le *combattre* et le *réprimer.* Voilà pourquoi il est urgent que dans les assemblées où se traitent les grands intérêts nationaux, les gens de bien ne se laissent jamais détourner par aucune considération pour émettre leurs opinions avec franchise et clarté; j'avoue que ceci n'est pas toujours chose facile, surtout si l'on considère, que *la peur de manquer leur coup,* donne une hardiesse arrogante à ceux dont l'intérêt particulier diffère de l'intérêt public; hardiesse qui en impose souvent aux personnes peu habituées à parler du haut d'une tribune.

Le moyen le plus sûr de ne pas devenir la
dupe des orateurs intrigans, est de ne pas se
laisser surprendre, ce qui n'arrive jamais,
lorsque l'on se donne le tems de dépouiller
les belles phrases de leur *faux lustre* et d'exa-
miner *le fond* de la chose.

Un des plus déplorables écarts de nos jours,
est cette confiance audacieuse qui croit pouvoir impunément renverser tout ce qui paraît
susceptible d'un perfectionnement réel ou ima-
ginaire, sans calculer la force du préjugé et
des habitudes. Certainement il n'y eut jamais de réunion d'hommes dont la grande
majorité fut animée d'intentions plus nobles
et plus pures que l'assemblée constituante.
Elle ne se bornait pas à *décréter* les droits
de l'homme, elle fit les plus grands sacrifices *personnels pour l'en faire jouir:* et ce
beau dévouement a-t-il empêché le trépas
d'un roi innocent, la mort de tant d'autres
illustres victimes, le règne sanglant de Robespierre et le règne dévastateur de Napoléon? Est-il croyable qu'après d'aussi cruelles
leçons on recommence à agiter la question
de savoir: si le monarque qui remonte sur
le trône de ses ancêtres, doit se nommer roi
de France, ou roi *des Français,* s'il rentre

de droit, ou s'il est *appelé* ou *rappelé ?* *)
A-t-on déjà oublié qu'il n'y a pas deux mois
qu'un guerrier audacieux, qui fut élu empereur, sacré comme tel et lié par les sermens les plus solennels, disait : que le dernier homme et le dernier écu de la France
lui appartenaient, et le prouvait d'une manière outrageante pour une grande et valeu-
reuse nation ? Oui, les rois existent sans
contredit pour faire le bonheur des peuples,
et non pas les peuples pour l'intérêt des rois,
et il est des occasions (mais qui toujours sont
désastreuses) où la résistance ouverte à la
tyrannie, devient un devoir pour tout bon
citoyen. C'est par suite de cette persuasion
que j'ai été le premier parmi vous, mes
collègues, qui ait voté la déchéance de Napoléon ; mais, de grâce, n'oubliez pas qu'à
présent il s'agit d'assurer la paix et le repos
des nations et le bonheur de votre patrie.
Le roi est d'accord avec vous sur toutes les
bases essentielles du pacte social entre la na-

---

*) Des discussions sur des questions de ce genre,
les unes plus oiseuses que les autres, remplis-
saient les pages des journaux et les esprits des
représentans de la nation, à l'époque où cet
Adieu fut écrit.

tion et lui, évitez donc toute discussion qui peut produire un éloignement pernicieux entre les gouvernés et le gouvernant. *En vous occupant de la restauration des finances et de l'éducation de la jeunesse,* vous fonderez et cimenterez le bonheur de la France. Aucun Français ne porte un joug étranger; n'exigez pas que d'autres nations portent le vôtre, et préférez la paix aux conquêtes, tant qu'on ne vous force pas à *répousser des agressions hostiles.* C'est ainsi que la France sera puissante et heureuse. Je ne cesserai de former des vœux pour sa prospérité ainsi que pour la vôtre, Messieurs et chers Collègues, en particulier, en vous priant de me conserver une part dans votre souvenir bienveillant.

———

PRECIS

du Discours improvisé, adressé par S. M. l'empereur
Napoléon aux membres composant le corps législatif, au palais des Tuileries, dans la salle du trône,
le 1er. janvier 1814, écrit de mémoire par le.
chev. Jacobi, en sortant de l'audience.

Messieurs les députés,

Quand je vous ai réunis auprès de moi,
j'ai dû penser que vous opéreriez le bien.
Mais je me suis trompé; car nous avez fait
beaucoup de mal.   Ce n'est pas lorsque l'ennemi est à nos portes, lorsqu'il occupe une
partie de la Franche-Comté et de l'Alsace,
que vous deviez tenter de jeter au milieu de
moi et de la nation la pomme de discorde.
En vous appelant auprès de moi dans ces
grandes circonstances, je vous donnais une
marque de confiance; et quoique je sois doué
de la nature d'une caractère fort, mon cœur
avait besoin de consolation. — Vous n'avez
pas répondu à mon attente et vous m'avez,

au contraire, abreuvé d'amertume. Votre rapport est affreux, et il n'est pas une phrase qui ne soit une injure pour moi ou une ironie piquante de ma conduite. Si j'ai fait des fautes, ce n'était pas généreux de votre part de me les reprocher dans un moment où j'éprouve des malheurs, et s'il existe des abus, ce n'était pas dans une. telle pièce qu'il fallait les relever. On peut me dire et m'écrire, à moi seul, tout ce que l'on veut, et il n'en arrivera jamais rien à personne, et au contraire, j'en fais mon profit; mais vos rapporteurs n'ont eu d'autre but que de soulever la nation contre moi et mon gouvernement. Votre commission était composée de quelques têtes ardentes de la Gironde. Ce M. Laîné est un méchant homme et un traître; il a des correspondances avec l'Angleterre par l'entremise de l'avocat Deseze; qu'il prenne garde, je le ferai surveiller de près. On a porté des plaintes au milieu de vous dont la moitié est au moins fausse ou exagérée. M. Raynouard a dit, dans les sallons de Paris, que le maréchal Masséna, du côté de Toulon, s'était emparé de la maison d'un propriétaire, qu'il s'y était établi et qu'il y avait pillé l'argenterie. Cette conduite est indigne d'un maréchal de France, et M. Raynouard en a *menti*.

A la vérité le maréchal est resté plus long-
tems dans le logement que les lois militaires
ne le comportaient, mais il était logé, il fallait bien qu'il y restât. Le propriétaire a ré-
clamé auprès du ministre de l'intérieur, et
j'ai donné des ordres pour qu'il lui fut al-
loué une indemnité. Vous avez cherché à me
déconsidérer aux yeux de mes ennemis même ;
je suis au-dessus de ces menées, et j'ai trop
d'honneur et de grandeur d'ame pour en être
affecté. Croyez vous pouvoir ressusciter ces
assemblées de 1791 qui ont dicté des lois à un
monarque faible ? Vous vous trompez. Vous
n'êtes qu'une très-faible autorité dans l'état.
Vous vous qualifiez de représentans de la nation....... Vous ne l'êtes pas. Je suis, *moi*,
son *premier* et son *seul vrai représentant*. Le
sénat a ses attributions, le conseil d'état les
siennes, vous avez les votres, voilà tout.
Quatre fois, cinq millions d'hommes m'ont choisi
pour être leur maître, et je maintiendrai mes
droits. Je suis un roi populaire, je tiens mes
droits du peuple qui m'a élu. Sous trois mois
j'aurai la paix, ou j'aurai vaincu l'ennemi,
ou je serai mort. — J'ai défendu l'impression
de votre Rapport, puisqu'il est rédigé dans
le sens du régent de l'Angleterre et des coa-
lisés. Il m'a fait plus de mal que si j'avais

perdu deux grandes batailles dans les plaines de la Champagne. Et que vous a fait cette belle France pour vouloir la déchirer de la sorte? A vous en croire, j'accorderais à l'ennemi plus qu'il ne demande! S'il me demandait la Champagne, vous voudriez que je lui donnasse la Brie! — Je croyais, en vous réunissant autour de moi, trouver des motifs de consolation et un appui, et je n'ai trouvé que de l'intrigue. Je sais très-bien que vous n'êtes pas tous coupables, que la moitié, les trois-quarts, les onze-douzièmes et encore plus peut-être sont bien intentionnés et se sont seulement fait entraîner par quelques factieux que je suivrai de près. Vous autres pouvez retourner dans vos départemens avec la conviction intime que vous jouissez de toute ma confiance. Dites que j'ai fait tous mes efforts pour avoir la paix et que je vais continuer mes négociations pour l'obtenir. Peut-être que quelques-uns de ceux que je viens de signaler feront circuler des copies de cette pièce affreuse; mais si j'en ai connaissance, je la ferai imprimer dans le Moniteur avec des notes qui en démontreront tout la perfidie. Au surplus, dans quelque-tems d'ici je la publierai comme un monument de honte, et la postérité jugera cet acte du corps législatif.

Si on voulait une autre constitution, il fallait le dire en l'an huit, à présent ce n'est plus le moment. Louis XVI s'est perdu, parce qu'il accepta la constitution de 1791 et par son voyage à Varennes. Si jamais on pouvait vouloir me forcer d'accepter une constitution qui ne me conviendrait pas, je préférerais descendre du trône, et vous auriez un autre roi. La conduite des braves gens de la Franche-Comté, et surtout de l'Alsace, me prouve que les français actuels sont dignes de ceux qui les ont précédés. Ces braves gens m'ont demandé des armes. Je leur en ai fait donner. Tous sont prêts à se lever en masse et à former des partisans. J'ai envoyé auprès d'eux deux de mes aides-de-camp pour les seconder et les diriger. Je dois tout espérer du courage d'une grande nation, qui, au reste, a plus besoin de moi que je n'ai besoin d'elle. Dans trois mois j'aurai la paix, ou l'ennemi entrera à Paris en passant sur mon cadavre. On me *tue* mais on ne me *déshonore* pas.

J'ai fait de grands sacrifices, et il en a coûté à mon orgueil et à ma façon de penser ; mais j'aurais été indigne de monter sur le trône, si je ne voulais le faire respecter. Qu'est-ce que c'est qu'un trône ? quatre morçeaux de bois surmontés d'un tapis de velours. Moi et la nation, voilà le trône. Pour s'en rendre digne, il fallait le conquérir bravement : c'est ce que j'ai fait, et, comme je vous l'ai déjà répété, cinq millions d'hommes m'y ont porté quatre fois. — Y en a-t-il un parmi vous qui eut osé se charger d'un pareil fardeau? Oui, ce sont ces gens de la Gironde, qui ont fait la révolution et qui en voudraient faire encore! Que sont devenus ces hommes qui, dans les assemblées constituante, législative et la convention, ont cherché à ébranler le trône pour s'en partager les débris? Que sont devenu ces Vergniaux, etc. etc.? Ils sont morts, et on ne parle de leur mémoire que pour gémir sur les troubles qu'ils ont fait naître.

Enfin, Messieurs, fort de moi-même, mon sénat, mon conseil d'état sont une portion de l'autorité représentative comme vous, et le peuple n'a d'autre représentant que moi. J'ai donné des ordres à mon ministre de l'intérieur pour la convocation des collèges électoraux, afin de remplacer les trois séries vacantes. Je vous ai ajournés parce que j'ai pensé que dans les circonstances actuelles c'était ce qu'il y avait de plus prudent à faire. Vous allez retourner dans vos départemens; là, vous rendrez mes pensées, et je répéte que je suis convaincu des bonnes intentions de plus de onze-douzièmes d'entre vous, qui tous peuvent compter sur mon affection.

———————

C O P I E

d'une lettre d'un aide-de-camp, présent au moment du départ de l'empereur Napoléon pour l'isle d'Elbe.

Fontainebleau, 2 avril 1814.

Aujourd'hui, à midi moins vingt minutes, Napoléon s'est mis en route.

Les grenadiers à pied du 1er. régiment étaient en haie dans la cour; un peloton de grenadiers et de chasseurs à cheval était à la grille; descendu du palais; il fit appeler près de lui les officiers et sous-officiers; il les remercia dans les termes les plus touchans, des services qu'ils lui avaient rendus, les engagea à continuer à bien servir, embrassa le général Friant et a dit aux officiers et soldats, que ne pouvant les embrasser tous, il embrassait leur drapeau; qu'il les portait tous en son cœur et ne les oublierait jamais. Officiers, sous-officiers, soldats, bourgeois, tous ont pleuré; les officiers étrangers, russes, prussiens, allemands, anglais ont aussi versé des larmes; et, pour le dernière fois, il a entendu les vieux soldats crier: *vive l'empereur*.

Je fus en cabriolet l'attendre sur la route de Nemours, à la première montagne; il était dans la deuxième voiture, avec un officier français; il était d'une pâleur extraordinaire et avait l'air abattu, mais calme. Il court à six chevaux; les armes des voitures sont effacées; il voyage en uniforme, sans épaulettes, sans décoration.

Dans la première voiture était le comte Bertrand qui le suit; dans la 3.e, l'officier anglais et le général autrichien; dans le 4.e, le général russe et le général prussien; dans les autres, des aides-de-camp et de la suite.

Hier il a congédié sa maison; les gages sont payés jusqu'au 1.er mai.

Ce matin les chevaux de main sont partis pour Paris.

LES ADIEUX

de l'empereur NAPOLEON à la vieille garde, rassemblée dans la cour du Cheval-Blanc du palais de Fontainebleau, le 20 avril 1814, 11 heures du matin.

Officiers, sous-officiers et soldats de la vieille garde, je vous fais mes adieux.

Depuis vingt ans, je suis content de vous, je vous ai toujours vu sur le chemin de la gloire.

Les puissances alliées ont armé toute l'Europe contre moi, une partie de l'armée a trahi ses devoirs et la France elle-même.......; mais d'autres destinations lui étaient réservées.

Avec vous et les braves qui me sont restés fidèles, j'aurais pu entretenir la guerre civile pendant trois ans, mais la France eut été malheureuse, ce qui était contraire au but que je me proposais.

Soyez fidèles au nouveau souverain que la France s'est choisi; n'abandonnez pas cette chère patrie, trop long-tems malheureuse.

Ne plaignez pas mon sort; je serais toujours heureux, quand je saurai que vous l'êtes.

J'aurais pu mourir, rien ne m'était plus facile; mais, non, je suivrai toujours le chemin de l'honneur. J'écrirai ce que nous avons fait.

Je voudrais vous embrasser tous, mais j'embrasse votre chef. Approchez général, (il l'embrasse) et l'aigle qu'on me l'apporte, (il le baisa trois fois en disant) chère aigle! que mes baisers retentissent dans le cœur de tous les braves. — Adieu, mes enfans. — Ici les larmes lui vinrent aux yeux; il monta en voiture après avoir traversé la cour à pied au milieu de la haie que formaient les vieux grenadiers.

Sic transit gloria mundi.

LE GRAND MYSTIFICATEUR,

Ou Réflexion sur l'esprit de vérité qui caractérise
le règne de Napoléon.

(Projèt d'un article de gazette en Mai 1815.)

Le Moniteur du 5 avril 1815 donne le
commentaire sur la déclaration du congrès de
Vienne, du 13 mars dernier. Cette pièce,
infiniment remarquable sous le rapport de
l'art avec lequel on tâche de donner le change
sur les choses les plus claires, termine par la
phrase suivante:

« Une grande et forte nation a changé de
« maître. Le souverain qu'elle a choisi lui
« promet la constitution qu'elle désire. Elle
« croit à sa promesse. L'étranger n'a rien
« à dire ici, nous respectons son indépen-
« dance, qu'il respecte aussi la nôtre. Il n'a
« pas le *droit* d'y porter atteinte, et l'expé-
« rience a prouvé, que dès que nous sommes
« unis, il n'en a pas non plus le *pouvoir.* »

A tout homme rien de plus fâcheux ne
peut arriver en France que d'être rendu ridicule. On lui passe d'être cruel, ladre,

hautain, fourbe et perdu de mœurs; mais jamais on ne lui passe d'être ridicule. Le plus rare mérite ne compte plus pour rien, dès ce qu'on a eu le malheur de devenir l'objet de la risée de la société, un tel homme est perdu sans ressource, fut-il d'ailleurs un Caton. Mais ce qu'il y a de plus étrange dans ceci, c'est qu'assez généralement les français ne connaissent pas de plus douce jouissance que celle d'exercer le talent de la satyre sur le cher prochain et de le *rendre ridicule* ce qu'ils désignent par le mot *mystifier*, terme absolument propre à leur langue.

Il est à croire que Napoléon n'est devenu l'idole des français, que puisqu'il est, sans contredit, le plus grand *mystificateur* qui jamais monta le tréteau. Au moins peut-il se vanter que l'histoire ne parle d'aucun peuple qui ait été mystfié aussi continuellement, et en même-tems d'une marière aussi grossière que ne l'a été la *grande nation mystifiante* par un *Corse mystificateur,* passant, au moyen d'une mystification réciproque et volontaire, pour *Français,* et qui pendant longtems fut désigné par le sobriquet du *petit Corporal,* jusqu'à ce que Madame de Staël le revêtit du titre de *Robespierre à cheval.*

Le **Corse** mystifia les français en premier lieu, en affectant d'être jacobin forcéné, signant: *Brutus Buonaparte sans culotte,* tandis que bientôt après; devenu créature de Barras, il fit mitrailler, au 15 vendémiaire, ses dignes confrères.

Il les mystifia, en leur promettant *toutes les richesses des Indes par l'expédition en Egypte,* tandis qu'il fit périr une armée d'élite dans les déserts de la Lybie, et décampa à la sourdine, après avoir suscité des assassins au brave général Kléber.

Il les mystifia, en leur promettant, après avoir renversé le directoire et s'être érigé premier consul, *de les délivrer de toute tyrannie,* tandis qu'il fit faire un procès à mort à Moreau, unique pivot de la liberté en France, et posa sur *sa* tête la couronne impériale, comme despote des français.

Il les mystifia, lorsqu'il se fit fort *de fonder le* G R A N D E M P I R E *et de soumettre au sceptre français les quatre parties du monde,* tandis qu'il fit périr un million de braves entre les colonnes d'Hercule et le Kremlin, pour fonder, au lieu du grand empire, le plus vaste cimétière que jamais vit la terre, se prolongeant de la Moskwa jusqu'à la Bérésina.

Ils les mystifia, lorsqu'il demanda de nouvelles conscriptions et levées de troupes, en promettant solennellement *qu'elles ne serviraient qu'à en imposer à l'ennemi, et le disposer à accorder une paix honorable,* tandis qu'il ne visait qu'à de nouvelles conquêtes, fit couler de nouveau des flots de sang; livra à la boucherie le reste de la jeunesse française, sans pouvoir empêcher les armées victorieuses des puissances alliées de s'emparer de la capitale.

Il les mystifia, lorsqu'à Fontainebleau il résigna la couronne en faveur de l'ancienne dynastie, en déclarant *de vouloir se retirer à l'isle d'Elbe pour écrire ses hauts faits;* tandis, qu'il tramait déjà le plan de revenir, parjure et traître, sur la terre ferme, pour tromper de nouveau la nation la plus légère et la plus inconcevable, et mettre encore une fois le feu aux quatre coins du monde.

Actuellement il veut faire accroire à cette nation, que c'est *elle* qui a voulu changer de maître, tandis que c'est *lui* qui est l'intrus que personne n'a appelé.

Il veut lui faire accroire que la *nation* l'a de nouveau *choisi pour son souverain,* tandis que ce n'est que par l'astuce et par la trahison qu'il est remonté sur ce trône,

où le peuple le contemple avec effroi en gé-
missant de la bonhomie des électeurs de 1802,
qui l'ont porté au consulat à vie, après qu'il
avait rendu pour un moment la paix à l'Europe.

Il lui fait accroire qu'il lui accordera *la
constitution qu'elle a désirée*, tandis qu'il n'a
pas même encore été question d'un *vœu émis
par la nation.*

Il lui fait accroire enfin, ô miracle! qu'elle
ajoute foi à ses assertions, tandis que sur ce
point au moins, tous les français sensés sont
d'accord enfin, qu'il est *le menteur d'origine.*

Et on prétend que les puissances alliées
doivent ajouter foi à un exposé qui contient
autant de mensonges que de mots, et qu'ils
restent les bras croisés, pour respecter l'in-
dépendance de la France, et attendent tranquillement le moment où la nation crédule
sera rentrée en Italie, en Suisse, en Belgique et en Allemagne, en riant sous cape? —

Non, se serait vraiment trop prétendre.
L'Allemagne est *confiante,* mais envers ceux
qui tiennent parole, elle *croit,* mais c'est en
Dieu et non au grand mystificateur. Peu nous
importe, que les Français arborent la cocarde
blanche ou tricolore; qu'elle ait, ou non,
la liberté de la presse; que le système féodal
subsiste ou qu'il soit aboli: mais ce qui nous

importe beaucoup, c'est qu'ils sentent: que Napoléon Buonaparte ne qeut plus être leur souverain, et s'ils manquent d'énergie et de courage pour se défaire d'un tyran dont ils ont maudit mille fois l'esprit de conquête, qui le quittera aussi peu qu'un nègre changera de couleur; alors ce sont les Français seuls qui sont cause de la nouvelle guerre, et les Juifs et les Athéniens se lèveront au jour du dernier jugement, contre cette nation, et diront:

« Nous avons crucifié Jésus, mais *nous* « *ignorions ce que nous fîmes;* nous avons « fait avaler la ciguë à Socrate, mais *nous* « *crûmes qu'il avait blasphémé les Dieux;* « mais vous, Français, *connaissiez* le génie « du mal, qu'on avait chassé de chez vous, « et lorsqu'il reparait, vous ne l'expulsez pas, « mais vous *l'adorez.* »

On dit: qu'en France la liberté de la presse subsiste dans ce moment. S'il en est ainsi, qu'on insère ces réflexions dans les journaux de Paris, et qu'on en réfute l'auteur si on peut.

Le Véridique.

NOTE
écrite en Septembre 1815.

Quelques exemplaires de cette brochure allant être envoyé à Paris, il n'est pas douteux quelle tombera aussi entre les mains de personnes qui n'aurons guères été édifiées par le contenu de l'article précédent, et je veux, pour avoir le cœur net; m'expliquer vis-à-vis de celles-ci avec franchise et cordialité.

Le moment dans lequel je brochais cette rapsodie était vraiment terrible pour tous ceux qui regardent la 'paix comme un grand bonheur après vingt-cinq années de guerre, et j'avoue, que pour ma part, je trouvais *affreux* que l'intérêt aveuglait tellement les Français, qu'aucune considération, puisée dans la religion, la morale, la justice et la prudence, n'avaient pas le moindre empire sur eux, et qu'ils laissaient tranquillement reprendre le gouvernail à celui qui les replongeait inévitablement dans une nouvelle guerre à mort.

Je n'ignore pas, que l'espoir de reconquérir la Belgique et la rive gauche du Rhin, a un charme irrésistible pour la nation française, et c'était l'hameçon avec lequel Napoléon a pris ses victimes. Mécontent de son sort, tourmenté par la soif de dominer, l'inactivité était pour lui le plus grand des supplices, et pourvu qu'il en sortait, il se moquait du reste. Lorsque je lui écrivis, que sa devise était *per ardua ad astra*, je le comparus en idée aux grands joueurs, qui ne connaissent, dans l'univers entier, rien de plus solennel, qu'un *va banque;* et peut-on nier, que du commencement de sa carrière jusqu'à ce jour; où il est conduit à l'isle de Sainte-Hélène, il ait fait autre chose, sinon que de jouer toujours *le tout pour le tout avec les fonds d'autrui?* Voilà à présent les bailleurs de fonds réduits à se ronger les ongles et à se mordre les lèvres, puisque ce grand joueur a encore emprunté, sous leur garantie, des sommes énormes chez des *étrangers*, qui sont venus réclamer ce qui leur est dû. Je conviens volontiers que cela paraît dur, et qu'il serait à désirer, pour le grand nombre de ceux qui ne sont que victimes ou dupes eux-mêmes de l'affaire, que tout eût pu s'arranger, sans des formes acerbes et être pris avec des gands blancs: mais est-ce la faute des créanciers étrangers que ceci est devenu impossible, ou bien celle des bailleurs de fonds, qui dans les tems de prospérité du grand joueur, ont partagé pendant dix ans les profits, tandis qu'en mettant la main sur la conscience, ils avoueront bonnement qu'ils ne comptaient jamais rendre aux étrangers ce qu'ils avaient aidé à emprunter d'eux par force majeure? L'année passée on avait, malgré tout cela, fait avec eux un accord extrêmement avantageux. A-t-il été tenu? Ayant été l'un des commissaires liquidateurs, j'en sais un petit mot, et déclare, qu'il est absolument impossible de montrer plus de mauvaise volonté, plus d'arrogance et, tranchons le mot, plus de mauvaise foi qu'on en a montré.

Mais faisons trève d'observations, personne ne veut plus sincèrement que moi, que l'on s'arrange en bons chrétiens, et que nous retirions pour fruit des terribles leçons reçues par Napoléon Buonaparte, la conviction que ce qui assure le mieux la paix et la tranquillité dans ce bas monde, est: *le respect pour le*

S U U M   C U I Q U E.

————

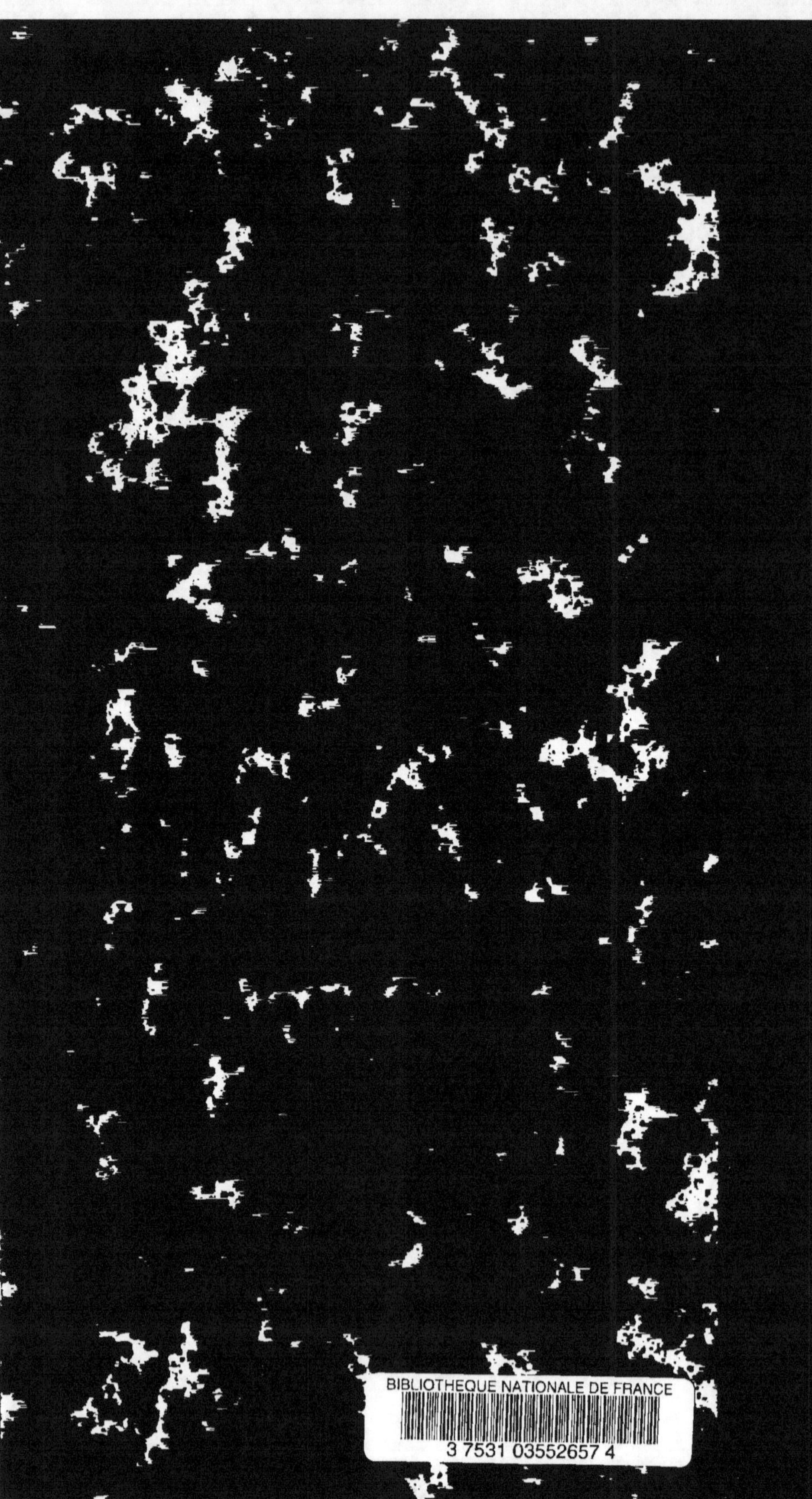

www.ingramcontent.com/pod-product-compliance
Lightning Source LLC
Chambersburg PA
CBHW051123050726

47594CB00003B/926